Armand Audiganne

La Crise commerciale et la banque d'Angleterre

Essai

 Le code de la propriété intellectuelle du 1er juillet 1992 interdit en effet expressément la photocopie à usage collectif sans autorisation des ayants droit. Or, cette pratique s'est généralisée dans les établissements d'enseignement supérieur, provoquant une baisse brutale des achats de livres et de revues, au point que la possibilité même pour les auteurs de créer des œuvres nouvelles et de les faire éditer correctement est aujourd'hui menacée. En application de la loi du 11 mars 1957, il est interdit de reproduire intégralement ou partiellement le présent ouvrage, sur quelque support que ce soit, sans autorisation de l'Éditeur ou du Centre Français d'Exploitation du Droit de Copie , 20, rue Grands Augustins, 75006 Paris.

ISBN : 978-1985201347

10 9 8 7 6 5 4 3 2 1

Armand Audiganne

La Crise commerciale et la banque d'Angleterre

Essai

Table de Matières

Introduction.	6
Section I.	7
Section II.	13
Section III.	23
Section IV.	31
Notes.	35

Introduction.

Jamais peut-être la situation financière de la Grande-Bretagne n'a été plus digne de l'attention de notre pays qu'au milieu de la crise qui a porté cette année un si rude coup à l'industrie et au commerce du monde. A toutes les époques, l'étude de ces phénomènes, dont le retour semble devenu périodique depuis un demi-siècle, met en relief quelque vice du régime économique du Royaume-Uni, mais, cette fois, ce n'est plus un côté seulement d'un système vaste et complexe, c'est tout l'ensemble de la constitution financière qui se trouve atteint et dévoilé. La crise de 1847 nous permet de voir à fond l'état de ce crédit britannique, moins puissant peut-être qu'on ne se plaît à le dire, s'il avait de nouveau à traverser une rude et longue épreuve ; elle nous découvre aussi l'influence du principe de l'isolement financier, qui gouverne si despotiquement la circulation depuis la réforme de la banque d'Angleterre accomplie en 1844. On a parfaitement compris, de l'autre côté de la Manche, le caractère général et profond de la détresse monétaire de cette année. Nos voisins sont trop accoutumés à se rendre compte des vicissitudes de l'industrie, à scruter les questions de l'ordre économique, pour n'avoir pas remarqué que la crise de 1847, moins féconde, du moins jusqu'à ce jour, en désastres individuels que certaines commotions antérieures, touchait de plus près aux éléments constitutifs du crédit. Cette pensée, tantôt claire et tantôt un peu confuse, se rencontre, en dernière analyse, dans tous les documents et toutes les publications que les circonstances actuelles ont fait surgir ; c'est à elle qu'on est ramené sans cesse quand on discute les principes que le bill de 1844 croyait avoir assurés pour longtemps, et sur lesquels sera probablement appelé à se prononcer le parlement nouveau, dont les tendances en cette matière sont encore inconnues.

Placés dans une situation analogue sous plus d'un rapport à celle de l'Angleterre, nous avons intérêt à connaître et à discuter, d'après les dernières recherches et les dernières observations, le propre jugement des Anglais sur l'état de leurs finances et sur cette doctrine de l'isolement qui règne encore en Europe, malgré les maux qu'elle a causés, dans le régime des institutions de crédit. Provoquée par des circonstances fortuites, la détresse dont le contre-coup se fait encore sentir a eu ses raisons déterminantes dans l'application de cette funeste théorie. L'histoire des crises qui ont précédé, de l'autre côté du détroit, celle de 1847 ne nous laissera aucun doute sur la pernicieuse influencé du principe de l'isolement financier ; elle nous montrera en même temps par quels moyens plus en harmonie avec les nouvelles tendances économiques une grande nation peut prévenir quelquefois et toujours atténuer les déplorables effets des secousses financières.

Section I.

S'il existe une relation intime et des traits frappants de ressemblance entre les crises qui ont depuis un demi-siècle éprouvé le crédit anglais, il ne serait pas exact de les attribuer toutes, comme on a quelquefois essayé de le faire, à une cause uniforme. Tantôt on doit s'en prendre à de fausses combinaisons de la part du gouvernement, tantôt aux dépenses qu'exigent, aux inquiétudes que suscitent des guerres continentales ou maritimes ; tantôt l'industrie paie le prix de ses propres égarements, de ses spéculations désordonnées. Il y a des cas où la banque d'Angleterre et les autres établissements qui émettent de la monnaie de papier concourent à produire le malaise par des émissions irréfléchies ou par une brusque et trop sévère restriction ; d'autres fois, le commerce britannique ressent le contre-coup du désordre financier d'un peuple avec lequel il entretient des relations étendues. La détresse peut aussi provenir d'une calamité publique placée au-dessus de la main des hommes, d'une mauvaise récolte par exemple, qui diminue subitement la richesse nationale au moment même où s'imposent des dépenses extraordinaires. Quelquefois enfin ces causes diverses, en se confondant, rendent la situation plus complexe et plus douloureuse.

L'ère des grandes crises du crédit, qui se sont multipliées en Angleterre à mesure que les intérêts industriels y ont pris leur prodigieux essor, pourrait être fixée à la guerre de l'indépendance des colonies de l'Amérique septentrionale. C'est depuis cette époque surtout qu'on suit avec un intérêt réelles oscillations des finances anglaises, et qu'on peut étudier avec fruit les moyens à l'aide desquels ont été combattues les maladies financières. A la fin de la guerre américaine, qui avait ajouté 121,270,000 livres sterling (3 milliards de francs environ) au capital de la dette, la banque d'Angleterre, dont les coffres étaient presque vides [1], se vit obligée de réduire de moitié le montant de ses billets. Cette restriction subite infligea naturellement au commerce une gêne effrayante suivie de terribles catastrophes. La banque était au fond amenée à cette mesure moins par le désir de retenir l'or dans le royaume, en appliquant le principe de l'isolement, que par le soin de ses propres affaires. Inquiète sur elle-même au milieu de l'orage, elle jetait par-dessus le bord, pour alléger sa marche, les intérêts du commerce. Si on remue toutefois la masse des innombrables écrits publiés alors sur l'état des finances et sur la nécessité d'une réforme, on rencontre à chaque pas la pensée de retenir le numéraire dans le pays associée à celle de se débarrasser de la dette. Une dette de 6 à 7 milliards paraissait écrasante à un peuple qui devait un peu plus tard emprunter 600 millions sterling en vingt-deux ans (15 milliards de francs). L'opinion publique accueillait avec une faveur marquée tous les projets ayant pour but l'amortissement des obligations prises envers les rentiers de l'état. Comme la science du crédit en était encore à ses débuts, on ne s'étonnera point que de graves erreurs fussent accumulées dans des plans improvisés sous le coup d'une préoccupation passagère et visant pour la plupart à une bizarre originalité [2]. A peine y trouvait-on, au milieu des propositions les plus étranges, quelques vues justes sur les questions relatives à la valeur, aux billets de banque, à la relation du billet et de la monnaie ; mais ce dévergondage même des pamphlétaires attestait l'impérieux besoin de réorganiser le système financier. Les mesures de Pitt, élevé en 1783 au poste de premier ministre, eurent pour objet de donner satisfaction à ces exigences de l'opinion publique.

Dans un écrit publié récemment [3], on a rapproché de la politique commerciale de cet homme d'état les réformes accomplies par sir Robert Peel. L'auteur anonyme, en qui l'on a cru reconnaître un des membres les plus distingués du dernier ministère tory, avait voulu, à la veille des élections générales, présenter Peel et ses amis comme les continuateurs, en matière de liberté du commerce, de la pensée des chefs les plus illustres du torysme, et repousser loin des *peelites* le reproche d'avoir abandonné le drapeau du parti. Tout ce que l'histoire des soixante dernières années peut fournir d'arguments à cette thèse spécieuse a été réuni et classé avec une habileté rare. Plus politique qu'économique, l'écrit attribué à M. Gladstone se lie néanmoins à la crise actuelle, qui, au dire de plusieurs adversaires de sir Robert Peel, aurait été causée en partie par ses réformes commerciales. Quant au rapprochement entre Pitt et sir Robert Peel, que l'auteur a su justifier à quelques égards, il devient forcé dès qu'on arrive aux questions financières. Pitt fut non-seulement favorable à la liberté du commerce autant que l'autorisait son époque, il ne chercha point à restreindre la liberté en matière de circulation. Placé au milieu de circonstances différentes, éclairé par une expérience plus longue du régime des émissions illimitées du papier, sir Robert Peel, en développant le principe du *free trade*, a, au contraire, assujetti la circulation aux règles les plus rigides, si rigides même, que le but a été dépassé, et que l'isolement est devenu la loi fatale de la banque d'Angleterre.

Le temps et les réformes de Pitt avaient effacé les embarras produits par la secousse de 1783, lorsque survint, dix ans plus tard, la crise bien plus terrible qui suivit la déclaration de la guerre entre l'Angleterre et la France. On sait quelle panique s'empara du commerce ; on sait quels furent alors les désastres des banques, le nombre des faillites, la rapide dépréciation des fonds publics [4]. Partout on pressentait que la guerre de 1793 ne serait pas une guerre comme les autres, provoquées par la jalousie d'une influence rivale ou le désir d'un agrandissement de territoire, mais une guerre implacable entre deux principes profondément hostiles. Devant les catastrophes du crédit anglais, on croyait déjà en France, et on crut bien davantage en 1797, que l'Angleterre allait s'engloutir dans le gouffre de la banqueroute. Un Irlandais, devenu membre de la convention nationale après avoir pris part à la révolution d'Amérique et s'être élevé au poste de secrétaire du congrès des États-Unis, le citoyen Payne, se fit l'organe de cette pensée dans une brochure sur la *décadence du système financier de l'Angleterre*. Cet écrit obtint un succès prodigieux, mais un succès éphémère comme les illusions qu'il flattait.

Il serait puéril de vouloir soumettre à une analyse rigoureuse la crise qui s'étend, pour ainsi dire, de 1793 à 1815. Tout paraît anormal dans la situation comme dans les moyens employés

Section I.

pour suffire à des exigences inexorables. Si on avait alors restreint la circulation, on aurait paralysé à la fois la politique, l'industrie et le commerce du pays ; si on avait laissé subsister l'obligation légale pour la banque d'Angleterre du remboursement de ses billets en or, on aurait vu la prompte faillite de cet établissement. La banque et le crédit furent sauvés par un coup d'énergie vraiment révolutionnaire. Personne n'ignore le rôle de ces *banknotes* devenues inconvertibles en espèces, dont les émissions furent énormes [5], véritable papier-monnaie, malgré les efforts de Pitt pour lui imprimer un autre caractère. S'il y eut une différence fâcheuse entre l'or et le papier, les billets ne perdirent point faveur, la banque continua de donner de gros dividendes à ses actionnaires, et, au milieu de l'augmentation des impôts, qui quadruplèrent de 1790 à 1812, de l'accroissement de la taxe des pauvres, qui montait avec une égale rapidité, du progrès de la dette publique grossissant d'année en année comme une mer envahissante, le commerce anglais, dominant sans rival d'un bout à l'autre de l'Océan, réalisait d'immenses bénéfices. Comme le prix des objets de consommation haussait suivant des proportions considérables [6], on augmenta le salaire des juges, la solde de l'armée et de la flotte, on donna un supplément de traitement à tous les employés de l'administration. La tourmente finit bientôt par ne plus porter que sur les petits rentiers, dont les revenus demeuraient stationnaires, mais dont les réclamations pouvaient être dédaignées sans graves inconvénients.

Bien que le retour à un état de choses plus régulier, après le rétablissement de la paix, ait été marqué de faits sinistres pour l'industrie et le commerce, ce changement, on peut le croire, venait fort à propos. L'Angleterre n'aurait pas trouvé longtemps encore les moyens financiers de prolonger la lutte. La crise de 1815 et des années suivantes s'offrit avec deux traits principaux très rares dans les situations analogues, le bon marché et l'abondance. Pour faire comprendre le trouble apporté alors dans les transactions commerciales, il suffit de rappeler que le prix des objets de consommation diminua de 30 et 40 pour 100. Comme cet abaissement continua, plus prononcé encore, après le fameux bill de 1819 (*Peel' currency bill*) sur la reprise des paiements en espèces qui commençait de faire rentrer la Grande-Bretagne dans les vrais principes du crédit, on a voulu voir dans les dispositions de cet acte la raison essentielle de la dépréciation générale des produits ; mais, depuis les recherches de M. Tooke, il n'est plus guère possible de s'aveugler sur les causes réelles et multiples qui affectèrent les prix à cette époque. Le gouvernement avait prêté, au début de la crise, quelque assistance à l'industrie et au commerce à l'aide de bills de l'échiquier et par l'intermédiaire de la banque. D'un autre côté, certaines mesures, telles que le bill des céréales de 1815, avaient été prises contre l'abondance, dans l'intérêt de l'aristocratie territoriale. Le temps suffisait seul, avec l'âpreté bien connue du caractère anglais, pour que le commerce, revenu de son étonnement, rentrât dans son cours ordinaire.

Lorsqu'on examine avec attention, à l'époque où nous sommes arrivés, les tendances réciproques des puissances européennes, on est frappé d'une contradiction singulière. Au moment même où la bonne harmonie vient de se rétablir entre les peuples, les gouvernements laissent voir des inclinations prononcées vers l'isolement financier. Peu à peu, néanmoins, les événements viennent donner un démenti à des doctrines erronées. Le goût des affaires, l'esprit de spéculation, devaient même porter bientôt les capitalistes de Londres à ouvrir leurs caisses aux emprunteurs étrangers avec une facilité qui a été qualifiée d'imprudente [2]. Imprudente ou non, cette facilité était l'indice d'une disposition générale à élargir la base du crédit par-delà les frontières. Quand vint la fameuse crise de 1825-1826, le remède qui sauva la banque en péril fut encore un démenti donné à la théorie de l'isolement. Les embarras n'étaient plus cette fois, comme en 1783, 1793, 1815, la conséquence d'une guerre commencée ou à peine finie : ils naissaient du mouvement déréglé de l'industrie, de l'entraînement vers les entreprises les plus folles qui s'était emparé de la nation. Il n'y avait pas d'épargnes que n'eussent alléchées les promesses de prospectus séduisants. Les capitaux péniblement amassés par les petits rentiers, les petits marchands, les domestiques, qui se montrent d'ordinaire si méticuleux quand il s'agit d'un placement normal, sont toujours les plus prompts à se jeter dans des opérations aventureuses. Plus ils ont mis de temps à se former, et plus vite ils voudraient se grossir. Dans les années 1823, 1824, 1825, des compagnies industrielles semblaient chaque matin sortir du sol comme par enchantement, et réalisaient sans peine d'énormes

Section I.

fonds sociaux. On ne comptait, avant 1823, que cent cinquante-six de ces grandes associations ; mais, dans cette seule année, il, s'en forma cinq cent trente-deux, au capital de 441,649,000 livres sterling (plus de 11 milliards de francs). Un jeu effréné et une production exorbitante, tels furent les deux principaux effets de ces égarements déplorables, que les facilités accordées par la banque d'Angleterre avaient eu le tort d'encourager, et que devaient suivre les plus cruelles déceptions. La banque découvrit la première le nuage lointain d'où la tempête allait s'échapper. Aussitôt qu'elle s'aperçut que les changes étrangers prenaient une tournure défavorable et que le numéraire était appelé au dehors, effrayée tout à coup de se voir replacée au bord de l'abîme, elle voulut restreindre sa circulation et vendit des bills de l'échiquier pour retirer ses *notes*. Jetés ainsi en masse sur le marché, les bills, qui jouissaient habituellement d'une prime, subirent une dépréciation inattendue. Le resserrement de la circulation, succédant à la facilité de la veille, répandit partout l'inquiétude et la gêne. Les créanciers demandèrent à être payés en or ; tous ceux qui avaient de l'argent entre les mains des banquiers se précipitèrent pour retirer leurs dépôts. La panique contraignit plus de cent banques de province à suspendre leurs paiements, entraîna de nombreuses faillites, fit tomber le 3 pour 100 de 82 à 65, vida le trésor de la banque d'Angleterre, et porta l'intérêt de quelques prêts temporaires au chiffre incroyable de 50 pour 100 par année. Après une conférence à laquelle le premier ministre, lord Liverpool, avait convoqué M. Huskisson, alors président du bureau du commerce, le gouverneur de la banque et M. Baring, il fut décidé que la banque, dont le crédit était solide, abandonnant les mesures restrictives, chercherait son salut dans de nouvelles émissions de papier. Eh bien ! ce moyen, qui aurait paru, aux yeux des partisans de l'isolement, devoir entraîner au dehors tout l'or du royaume, préserva seul la cour des directeurs de la déplorable nécessité de suspendre les paiements en espèces en pleine paix et deux ans après les avoir repris [8]. Il ne faut pas en faire trop d'honneur aux financiers de l'époque : si l'on excepte peut-être M. Huskisson, ils ne cherchaient qu'un expédient et ne songeaient nullement à assurer le triomphe d'un principe ; mais, à leur insu, le principe poursuivait son chemin à travers une expérience éclatante.

Depuis 1825, la circulation a subi plusieurs secousses, moins rudes, il est vrai, et cependant très pénibles. Ainsi, en 1829, l'extinction des billets des banques de province de une ou deux livres sterling causa un trouble dont l'intérêt foncier eut surtout à souffrir. En 1834, l'industrie et le commerce durent leurs embarras à une production excessive ; en 1836 et 1837, au contre-coup de la ruine des banques américaines. Des compagnies qui s'étaient multipliées chez nos voisins sous le nom de banques par actions ou banques à capitaux-unis (*joint-stock banks*), malgré le désavantage de n'être pas reconnues par la loi et d'entraîner la solidarité illimitée de tous leurs membres, avaient favorisé, par le débordement de leurs émissions, l'élan inconsidéré des producteurs et l'encombrement des magasins. Si la banque d'Angleterre, lorsque les mauvaises récoltes de 1838 et 1839 vinrent s'ajouter à ces causes de gène, avait été réduite à ses seules ressources, si elle n'avait pas obtenu un appui au dehors, il a été démontré par M. Loyd, à l'aide des relevés de la réserve métallique et du montant des opérations, qu'elle aurait entièrement desséché son trésor. Peut-être eût-elle trouvé alors, comme en 1825, un autre expédient pour éviter la suspension des paiements en numéraire ; toujours est-il que le prêt de 50 millions consenti par la Banque de France la dispensa d'une épreuve hasardeuse. Ainsi, cette fois encore, et par une autre voie, on s'écartait du principe de l'isolement, auquel la banque d'Angleterre a été obligée, par le bill qui la régit depuis trois ans, de se cramponner en 1847.

Section II.

La crise financière et commerciale de cette année présente un caractère distinct, sous beaucoup de rapports, de celui des crises passées, et soulève, outre des questions communes à toutes les situations analogues, d'autres questions qui lui sont exclusivement propres. On a vu, en 1847, le singulier contraste d'un crédit commercial très sain et d'une circulation plus embarrassée qu'à des époques où le crédit était profondément vicié. La détresse monétaire n'a pas éclaté tout d'un coup ; elle ne s'est pas manifestée, comme en 1825, par une panique venant à la suite des désordres du commerce et vidant les caveaux de la banque. A proprement parler même, il n'y a pas eu de panique : il y a eu resserrement dans la circulation, resserrement graduel et prévu, au moins depuis les derniers mois de 1846.

L'an passé, au mois d'août, la banque, dont les coffres regorgeaient d'or [2], voulant mettre son escompte plus en rapport avec le taux de l'intérêt de l'argent, l'avait réduit de 3 et demi à 3 pour 400. Comme les directeurs sont en cette matière d'une prudence extrême, l'abaissement d'un demi pour cent témoignait en faveur de l'état industriel et commercial du pays. A peine cette mesure avait-elle été décidée, que des symptômes défavorables se manifestèrent dans les changes étrangers. Nous nous trouvons ici à l'origine de la crise ; ces premiers pronostics, méritent d'autant plus de fixer l'attention, que presque toutes les famines monétaires débutent d'une façon analogue. Chez nous aussi les embarras s'étaient annoncés de même. Le tableau des changes est un indice à peu près infaillible de l'état du numéraire. Les grandes et subites variations qui agitent les cours témoignent généralement que l'équilibre ordinaire des importations et des exportations est dérangé, qu'on est astreint à des paiements extraordinaires en espèces, et que l'argent s'en va au dehors comme une autre marchandise, parce qu'il y trouve un placement plus avantageux.

Les premières altérations des changes avaient été regardées à Londres comme passagères et peu significatives. Elles prirent un autre aspect quand il fut certain que la récolte des céréales était très médiocre, et que les pommes de terre manquaient en Irlande et dans certains districts de l'Europe. Qu'il dût être indispensable de solder en espèces des importations supplémentaires de grains, on ne pouvait plus en douter. Vers la fin de l'année, le numéraire commença en effet à être demandé de l'extérieur pour des sommes considérables, et l'état des changes avec les principaux pays d'approvisionnement, l'Amérique et la Russie, se trouva définitivement contraire. On voit alors baisser graduellement le chiffre des valeurs métalliques des deux départements de la banque d'Angleterre. Du mois d'août au mois de décembre, ces valeurs avaient flotté entre 14 et 16 millions sterling, ne s'écartant guère du chiffre habituel, qui paraît être d'environ 15 millions (375 millions de francs). Du mois de décembre au mois d'avril, l'encaisse tomba au-dessous de 10 millions, pour baisser encore dans les mois suivants. En France, la diminution des espèces de la Banque s'était fait sentir un peu plus tôt : quand on compare la moyenne des situations en 1845 et en 1846, on voit que la différence entre les encaisses des deux années est de près d'un tiers en faveur de 1845. Durant le premier trimestre de 1847, le numéraire a encore subi une diminution considérable [10], pour se relever un peu dans le trimestre suivant.

Ces graves symptômes provoquèrent de l'un et de l'autre côté du détroit des mesures analogues qui ont été jugées déjà ici même au point de vue du rôle particulier de la Banque de France et des intérêts du travail national [11]. Les deux grands établissements financiers de Paris et de Londres élevèrent le même jour, 14 janvier, le taux de leur escompte, mais suivant des proportions différentes. Pendant que la Banque de France portait son chiffre de 4 à 5 pour 100, la banque d'Angleterre se contentait d'abord de rehausser le sien au taux de 3 et demi, où il était au mois d'août précédent. A peine huit jours s'étaient-ils écoulés, qu'elle adopta le chiffre de 4 pour 100. Trois mois plus tard, les directeurs, voyant les réserves métalliques décroître de plus en plus, fixèrent enfin l'escompte à 5 pour 100. Une autre restriction fut alors imposée au commerce jusque-là on avait continué à recevoir les effets à quatre-vingt-quinze jours d'échéance ; on fit entendre, sans préciser aucun terme, qu'on n'admettrait désormais les billets qu'à une échéance plus courte. L'escompte à 5 pour 100 ne paraissait pas devoir être dépassé ; on s'était même mis à espérer, au moins par intervalles, le retour prochain à un taux moins exorbitant, quand une nouvelle augmentation fut annoncée comme imminente vers la fin de juillet. Le 5 août dernier, l'escompte a été effectivement élevé d'un demi pour 100. La situation de l'établissement était pourtant, en réalité, moins gênée qu'au mois d'avril, et le fonds des dépôts (*deposit reserve*) plus largement fourni.

On connaît le but de ces augmentations successives ; on sait quel résultat ambitionnait la banque d'Angleterre en rendant ses escomptes plus onéreux pour le commerce. Fidèle aux règles de sa constitution légale, elle visait à maintenir le rapport entre ses billets et sa réserve, et, en retirant ses *bank-notes* de la circulation, à empêcher la sortie du numéraire. Ce calcul a pour fondement ce principe de la science économique, que les espèces se retirent de la circulation exactement d'après la proportion où les billets de banque y sont entrés. Sans admettre rigoureusement, avec l'école d'Adam Smith et de Ricardo, que le titre commercial appelé *billet de banque* se substitue toujours à l'argent, il nous paraît impossible de contester que les grandes émissions de papier tendent à diminuer la masse des valeurs métalliques, remplacées en partie par des billets dans une foule de transactions. En thèse générale, quand le change devient contraire, quand le numéraire sort d'un pays, la diminution des billets est susceptible de retenir la portion de l'argent devenue nécessaire pour les échanges quotidiens.

Ces principes, que la science peut généraliser fort à son aise, se trouvent cependant affectés dans la pratique par une foule d'incidents imprévus. Mille circonstances semblent se complaire à bouleverser des calculs purement spéculatifs. Que le théoricien se montre inflexible, qu'il presse son idée jusqu'à ses conséquences extrêmes, ce n'est pas là un mal bien grave ; mais un gouvernement doit savoir transiger avec certaines circonstances impérieuses. Ainsi, dans la crise de cette année, le resserrement de l'escompte, la diminution de la circulation, pouvaient-ils empêcher qu'on eût à payer en espèces les expéditions extraordinaires d'Odessa et de la Nouvelle-Orléans ? L'influence de la mesure prise par la banque ne se trouvait-elle pas, sinon annulée, du moins considérablement amoindrie ? De ce que la Grande-Bretagne demandait à l'extérieur un plus large approvisionnement en céréales, il ne s'ensuivait pas, par exemple, que les pays d'où elle le tirait dussent avoir besoin d'une plus forte quantité de cotonnades de Manchester. « S'il nous faut deux sacs de blé au lieu d'un, a-t-on dit fort sensément, les étrangers ne porteront pas pour cela deux chemises et deux habits. » La théorie se heurtait contre une véritable nécessité de salut public. Eût-on retiré de la circulation tous les billets émis, qu'il eût encore fallu payer au dehors la même somme en espèces. La crise actuelle aurait donc exigé qu'on apportât quelques tempéraments dans l'application des principes rigoureux de la science économique. Mais ici se présente une question préjudicielle : le bill de 1844 laissait-il à la banque d'Angleterre sa pleine liberté d'action ? S'il en était autrement, ce ne serait plus la direction, mais la constitution même de cet établissement qu'il faudrait rendre en grande partie responsable d'un malaise que des mesures mieux appropriées aux circonstances eussent pu considérablement atténuer. Or, on n'en saurait douter, la liberté d'action a manqué à la banque. Le bill qui l'avait constituée en 1844 lui traçait d'avance la marche à suivre en présence des premiers symptômes alarmants. Le taux de l'escompte fut donc élevé, et cette mesure, imposée à la cour des directeurs par la loi même, réagit dès-lors sur toutes les causes secondaires de la crise, qu'elle aggrava rapidement.

Le renchérissement du capital a été la conséquence immédiate des augmentations successives du taux de l'escompte de la banque. En tout pays, augmenter le prix du capital, c'est porter de rudes coups à l'industrie et au commerce ; s'ils se multipliaient, ces coups seraient mortels pour une industrie montée sur le pied de l'industrie britannique et ne pouvant assurer que par le bon marché l'écoulement de ses produits au dehors. Les manufacturiers anglais jouissent de l'avantage d'avoir à bas prix deux agents essentiels du travail, le fer et la houille, qui jouent aussi un rôle de plus en plus important dans l'économie des moyens de transport ; en outre, le capital est communément bien moins cher dans leur pays que dans les autres états européens. L'industrie anglaise a besoin de toutes ces circonstances réunies pour racheter certains désavantages, tels que celui d'une main-d'œuvre généralement plus coûteuse. La considération d'un capital à bon marché entre dans les calculs de ses frais généraux, et agit naturellement sur les conditions de la vente. Parmi les causes qui amenèrent, de 1793 à 1815, une si forte augmentation dans la valeur des produits manufacturés, figure précisément le prix énorme du capital en présence d'une guerre qui absorbait dans les emprunts la majeure partie des épargnes individuelles. L'abaissement du taux de l'intérêt qui suivit le retour de la paix générale contribua beaucoup au contraire à la dépréciation de toutes les marchandises. Durant la crise dernière, la valeur du capital a haussé dans des proportions effrayantes. Si le taux de l'escompte de la banque a doublé, le taux de l'intérêt pour les emprunts ordinaires a au moins quadruplé. En 1846, quand la banque escomptait les effets de commerce à 3 et 3 et demi, on pouvait emprunter de l'argent à 2 et demi et 3 pour 100. Embarrassés de leurs fonds, les capitalistes avaient de la peine à les faire fructifier. Depuis huit à neuf mois, les prêts se sont opérés, avec garantie, à 6, 8, 10 et même 12 et 15 pour 100. Conçoit-on le trouble d'une industrie subitement forcée de payer quatre et cinq fois plus cher le capital qui l'alimente ? Encore, à ce taux excessif, n'obtenait-on pas toujours les moyens de satisfaire à ses besoins. Il deviendra plus facile de mesurer l'étendue du préjudice causé aux intérêts industriels quand on saura que le capital engagé dans les fabriques des trois royaumes est évalué à 250 millions sterling (600 milliards 250 millions de francs), et, que le quart au moins de cette somme est fourni par l'emprunt.

Que ce resserrement si considérable dût ralentir le travail manufacturier et imposer au commerce les entraves les plus étroites, la conséquence était facile à prévoir. De larges commandes n'ont pu être exécutées par les premiers ateliers de la Grande-Bretagne ; des opérations commerciales importantes, plusieurs même relatives à des achats de subsistances, se sont vues arrêtées par l'état fâcheux de la circulation. Si on excepte les denrées alimentaires, tous les produits ont éprouvé une dépréciation de 10 à 20 pour 100. L'or, qui, comme on sait, est le seul des métaux précieux ayant une valeur monétaire légale chez nos voisins [12], était si recherché, que la banque tenta inutilement de convertir en or 1,500,000 livres sterling de lingots d'argent reposant dans ses coffres, et ne voulut acheter de l'argent à aucun prix. Le trésor public n'a pas été à l'abri du contre-coup de la détresse ; le gouvernement a dû doubler l'intérêt des bills de l'échiquier, augmentant ainsi les charges annuelles du trésor de 400,000 livres sterling (10 millions) représentant un capital de 8 millions sterling (200 millions) ; cette mesure était nécessaire cependant, car, de l'aveu du chancelier de l'échiquier sir Charles Wood, exprimé en pleine chambre des communes, les bills trouvaient difficilement des acheteurs. En contractant l'emprunt destiné à subvenir aux besoins de l'Irlande, on a été heureux de livrer du 3 pour 100 à 88, au lieu de le vendre au pair, comme on l'aurait pu un an plus tôt.

C'est vers la fin d'avril et le commencement de mai que la crise a sévi avec le plus de rigueur. Inquiétée par l'écoulement de ses espèces, se voyant exposée à rompre la balance de sa réserve métallique et de son droit d'émission, la banque refusa d'escompter des billets venant des maisons les plus solides. C'est là, sans contredit, le trait le plus alarmant du tableau. On ne sait pas si de pareils refus, en se répétant, n'eussent pas équivalu à la suspension même des paiements en numéraire. Heureusement, quand on vit les récoltes s'annoncer sous de favorables auspices, on reprit un peu de confiance ; les affaires devinrent moins difficiles. Si des embarras nouveaux se sont reproduits avec une certaine recrudescence depuis la fin de juillet, il ne faudrait pas confondre une gêne monétaire, simple contre-coup d'événements antérieurs, avec une détresse comme celle du mois d'avril. Les faillites récentes qui, en affligeant le commerce des céréales et des denrées coloniales, ont entraîné la chute de plusieurs maisons d'escompte, font pressentir la fin et non la continuation de la crise. L'abaissement des prix à un taux normal devait amener la ruine des spéculateurs qui, comptant sur le maintien des cours, avaient donné des ordres pour de larges approvisionnements. Liquider les dépenses faites ou les engagements pris, c'était une nécessité absolue pour l'Angleterre au moment où la situation commençait à se détendre. De là les derniers tiraillements de la circulation ; de là des désastres individuels, seul moyen de rétablir la balance du commerce. Mentionnons encore, au moins comme un trait de mœurs, une autre cause assignée à la gêne du mois d'août : les frais occasionnés par les dernières élections générales. Heureux ou malheureux, les candidats avaient dû retirer des mains de leur banquier ou réaliser d'une autre manière de fortes sommes pour subvenir à une lutte coûteuse. Cette cause très secondaire de la souffrance n'était pas destinée à exercer une action durable, et le nivellement, sous ce rapport, a déjà dû s'opérer.

Dès la fin de juillet dernier, le commerce anglais avait pu regarder l'avenir avec plus de confiance. On était certain de n'avoir pas à demander au dehors un vaste supplément de blé. S'il n'était pas permis d'espérer encore le retour prochain des anciennes facilités monétaires, on pouvait du moins prévoir que la banque serait bientôt contrainte de réduire, comme elle l'a fait au commencement de septembre avec une prudence très méticuleuse, les conditions excessives de son escompte. Ce qui préoccupait visiblement les esprits, ce n'était point une compression (*pressure*) passagère, mais la forte secousse qui avait ébranlé le crédit dans les premiers mois de cette année, à un moment où l'état du commerce était sain et la réserve de la banque très considérable. Comment, au milieu d'une situation aussi satisfaisante, l'industrie nationale avait-elle pu se trouver aux abois ? On recherchait avec inquiétude quelles avaient pu être les causes réelles d'une détresse si inattendue. Ces causes, nous les avons indiquées en partie en retraçant les diverses phases de la crise. Il importe maintenant de les énumérer plus complètement et d'en préciser l'importance, afin d'arriver ainsi à celle qui les domine toutes.

Il y a des points sur lesquels tout le monde s'accorde. Qui pourrait méconnaître, par exemple, que l'insuffisance des récoltes en 1846 ait été un sujet très notable d'embarras ? Le prix des denrées alimentaires a presque doublé. De 50 shellings le *quarter*[13], la valeur du blé est montée à près de 80. En prenant pour base du calcul une consommation annuelle de 16 millions de *quarters* et en ajoutant seulement au taux ordinaire 25 shellings par *quarter*, on constate dans la dépense du Royaume-Uni une augmentation de 20 millions, sterling (500 millions de francs) sur un seul article, sans parler des autres produits qui figurent dans l'alimentation du pays.

Avec le déficit dans l'état des récoltes coïncidaient diverses circonstances propres à rendre la situation plus critique. Tandis que les céréales manquaient de ce côté-ci de l'Océan, le coton manquait en Amérique, et cet article, dont l'industrie anglaise consomme de si énormes quantités, éprouvait un renchérissement subit. L'Angleterre était donc forcée de payer aux États-Unis une somme en espèces qui rendait déjà le cours du change défavorable pour elle. Ajoutons que tous les calculs des fabricants anglais se voyaient dérangés, leurs frais de production inopinément accrus ; plusieurs manufactures chômèrent, d'autres restreignirent leurs opérations. Qu'on réfléchisse au développement de la fabrication des cotonnades chez nos voisins, au nombre de bras qu'occupe cette industrie, et on devinera l'affreuse misère que le ralentissement des travaux a répandue autour des cités manufacturières. Le contre-coup d'un pareil désordre réagit de près ou de loin sur toutes les transactions commerciales d'un pays, et le crédit intérieur en reçoit inévitablement quelques atteintes.

Les spéculations désordonnées sur les chemins de fer ont, d'un autre côté, énergiquement contribué à la crise. On sait quel a été chez nous l'entraînement des esprits vers ces grandes entreprises ; mais notre engouement donne à peine une idée de la frénésie britannique. On vint, dans la seule session de 1845, solliciter la sanction parlementaire pour l'établissement de *rail-ways* exigeant 340 millions sterling (8 milliards et demi de francs). Si on joint à cette somme les projets de chemins de fer dont les études étaient moins avancées, et dont les promesses d'action se vendaient pourtant avec prime, on arrive à un capital de 500 millions sterling (12 milliards et demi de francs). Les titres morcelés de ce fabuleux total circulaient de main en main avec une rapidité fébrile. On aurait dit un fer brûlant que chacun saisissait à peine pour le passer à son voisin. D'un bout à l'autre de l'Angleterre, on vit surgir une nation de courtiers. Pas une petite ville qui ne comptât des centaines de ces intermédiaires. Sur les places un peu importantes, on publiait chaque jour le cours des actions, que tous les regards interrogeaient avidement. L'exemple de la ville de Leeds, pris entre mille autres, nous apprendra ce qui se pratiquait en tous lieux. A Leeds, le nombre des courtiers ne dépassait pas, en 1844, le chiffre de douze ; au milieu de l'année suivante, il s'élevait à trois cents. On opérait 1,500 à 2,000 transferts par jour, embrassant plus d'un demi-million sterling (12 millions et demi de francs). A quelle somme exorbitante ne devaient pas s'élever les transactions quotidiennes de tout le royaume ! Faut-il s'étonner si on a dû acquitter plus tard les frais de pareilles folies ? Ce n'est pas, toutefois, en affectant directement les opérations de la banque d'Angleterre, que ces enfantements gigantesques de la spéculation ont empiré la détresse, puisqu'ils n'avaient aucune influence sur les changes étrangers. On aurait plutôt appelé l'argent du dehors par l'appât d'une grosse prime ; mais les chemins de fer, accaparant toutes les épargnes individuelles, tous les capitaux disponibles, les détournaient de l'industrie et paralysaient le commerce ordinaire. La concurrence des chemins de fer à l'industrie dure encore. Au plus fort de la tourmente, bien que les actions aient considérablement baissé depuis le commencement de cette année, les capitaux ne se sont guère éloignés des *rail-ways*. Comme l'intérêt que les compagnies sont obligées de payer pour de nouveaux emprunts augmente sensiblement, comme les dividendes s'affaiblissent, le public se découragera peut-être, et les capitaux reflueront vers le commerce en souffrance. On aura éprouvé une fois de plus que les engouements irréfléchis de la spéculation aboutissent à des déceptions certaines et se résolvent en des pertes irréparables pour la masse des petits capitalistes. Les compagnies elles-mêmes semblent en ce moment ressentir le besoin de s'imposer un frein volontaire et de restreindre leurs appels de fonds.

On se tromperait beaucoup si on pensait que les vastes réformes accomplies récemment dans le régime économique du Royaume-Uni soient restées complètement étrangères à la détresse de 1847. Nous n'admettons pas sans doute les prétentions extravagantes des *ultra-protectionnistes* ; nous ne voyons pas avec eux dans ces mesures la source unique du mal. La révolution douanière, dans la situation industrielle où sont les Anglais, nous paraît au contraire un acte de prévoyance ; il n'en faut pas moins un certain temps avant que les intérêts se plient à l'ordre nouveau. Un changement si grave a déterminé une sorte de commotion dans l'édifice même qu'il est destiné à raffermir.

Des causes si nombreuses et si variées, réunies à la fin de l'année dernière, constituaient bien les éléments d'une crise et devaient engendrer une gêne inévitable. La banque d'Angleterre étant venue, comme on l'a dit, pour surcroît de malheur, à resserrer ses escomptes, l'état des choses fut considérablement empiré. En suivant le cours des faits accomplis, on touche du doigt l'effet des mesures prises par ce grand établissement. Si, au lieu d'agir dans un sens qui favorisait le développement d'influences malheureuses et fortuites, la banque avait pu diriger son action en un sens opposé, procurer au commerce des facilités agrandies et non lui ravir celles dont il jouissait ; si elle n'avait pas été condamnée par sa constitution à un isolement absolu, la gêne commerciale aurait été beaucoup plus courte et beaucoup moins sensible. Peut-être même le tiraillement n'aurait-il pas reçu ce nom de crise qui suppose des embarras graves, complexes et prolongés.

En rappelant les diverses causes du dernier ébranlement, nous sommes donc arrivé à la cause essentielle. De toutes les questions soulevées par la famine monétaire de 1847, celle de la constitution de la banque est, sans contredit, la plus importante. Déjà ce grave sujet a été touché devant le dernier parlement ; déjà le bill de 1844 a été le but d'attaques plus ou moins vives de la part de lord G. Bentinck, de MM. Disraeli, Mastermann, Newdegate. Bien que ces accusations aient été écartées par la grande autorité financière de sir Robert Peel, elles reviendront dans le parlement nouveau. Tout en sauvegardant les bases du système de la banque, sir Robert Peel lui-même (ses explications à la chambre des communes au mois de mai 1847 en font foi) n'a pas paru opposé à la pensée d'une modification partielle. Le silence qu'il a gardé dans son manifeste électoral, où il énumérait complaisamment les actes de son administration, n'indique-t-il pas chez lui des doutes sur la perfection du mécanisme actuel ? Lord John Russell a tenu, assure-t-on, plusieurs conférences sur le régime de la circulation, soit avec quelques-uns de ses collègues, soit avec des hommes haut placés dans la finance. Il serait prématuré néanmoins d'annoncer un projet de réforme ; en attendant, la question est débattue dans la presse périodique et donne lieu à de nombreuses publications qui prennent pour champ de bataille le bill de 1844. Cette polémique ne se renferme point dans le cercle des écrivains qui s'occupent d'économie financière ; elle agite la masse énorme d'intérêts qu'embrasse le mouvement général des affaires du pays. Si on interroge en même temps les faits constatés par l'expérience et les principes les plus sûrs en matière de crédit, il n'est pas difficile de discerner dans cette polémique les reproches fondés des accusations sans justice. Il n'est pas difficile non plus d'y trouver des preuves nouvelles de la fausseté du principe de l'isolement financier. Envisagée comme cause de la crise de 1847 et comme démonstration d'une erreur économique, la constitution de la banque d'Angleterre, objet en ce moment d'attaques si passionnées, mérite doublement de nous arrêter.

Section III.

Parmi les écrits qui battent en brèche la charte de la banque d'Angleterre, on a surtout remarqué une brochure dans laquelle lord Ashburton (M. Baring) se pose en adversaire déterminé des restrictions légales apportées à l'émission des *bank-notes*. Sans partager sur tous les points les vues exprimées par l'auteur de *the financial and commercial Crisis considered*, nous rendons un plein hommage à sa longue expérience, à sa pénétration bien connue, qui se révèlent souvent dans son ouvrage par des traits lumineux. Il y a là des critiques dont nous reconnaissons entièrement la justesse, bien qu'elles ne nous paraissent pas autoriser les conclusions extrêmes que lord Ashburton croit pouvoir en déduire. Nourri dans les traditions d'une école accoutumée à ne tenir aucun compte des principes économiques, l'auteur traite la science avec un dédain qu'il est peu séant d'afficher aujourd'hui.

Un autre écrit, *the Crisis and the Currency* par M. John Kinnear, renferme une foule de faits et de raisonnements présentés avec adresse au profit d'une opinion qui débute, comme celle de lord Ashburton, par condamner le régime de la banque pour aboutir à proposer d'introduire en Angleterre le système des banques écossaises par actions. La multiplicité de ces établissements paraît à l'auteur une cause de sécurité pour le crédit, tandis que le bill de 1844 regarde l'unité comme la meilleure garantie. La comparaison entre les deux mécanismes ne manque pas d'intérêt ; mais, avant de soutenir que l'Angleterre doive rétrograder dans la voie de la centralisation financière, il faudrait démontrer que la solidité des banques écossaises ne vient pas en grande partie de ce qu'elles ont le crédit anglais pour point d'appui, et cette démonstration, M. Kinnear se garde bien de l'essayer.

L'auteur d'un autre pamphlet intitulé : *Free trade and a fettered Currency*, met en présence la liberté du commerce et l'assujettissement de la circulation à des règles impérieuses. Ces deux principes ne sont inconciliables qu'en apparence ; mais que le capital soit abondant et que la circulation soit restreinte jusqu'à une gêne très sévère comme cette année, voilà une contradiction réelle, que M. Alison relève et discute à l'aide de faits positifs ; voilà un mal sérieux auquel on peut remédier, nous le croyons, sans compromettre aucune conquête légitime du crédit.

S'il était vrai, comme on le soutient avec plus ou moins de vivacité dans ces divers écrits, que le bill qui a reconstitué la banque d'Angleterre sur de nouvelles bases en 1844 reposât sur des principes entièrement faux, destinés à engendrer des crises monétaires ou à les aggraver, tout ce que la Grande-Bretagne renfermait, il y a trois ans, d'hommes d'état, de financiers et d'économistes éminents seraient tombés, à la suite de sir Robert Peel, dans une énorme méprise en matière de circulation. Jamais, en effet, aucune mesure ne reçut au dedans et au dehors des chambres un assentiment plus manifeste. Les protestations des gros banquiers de Lombart-Street, dictées par des considérations d'intérêt privé, et les rares objections de quelques membres du parlement, se perdirent au milieu de l'approbation générale. Or, l'objet de ce bill accueilli avec tant de confiance, c'était précisément de diminuer la durée, l'intensité, la fréquence des malaises financiers, toujours si funestes aux intérêts industriels et commerciaux. Asseoir le crédit sur une base plus ferme, le soustraire aux fréquentes ondulations du mécanisme monétaire en cherchant à centraliser les moyens d'agir sur ce mécanisme, consolider ainsi tout le système de la circulation, tel était le but de la réforme accomplie. A-t-on fait fausse route ? Faut-il renverser le régime en vigueur pour rétablir la banque sur d'autres fondements ? Ne serait-il pas possible, au contraire, que, tout en partant de principes vrais, on en eût seulement outré l'application ? Ne serait-il pas possible qu'on eût seulement omis, en se vouant à un isolement éternel, de s'assurer un moyen légal d'approprier l'action de la banque à certaines exigences extraordinaires ? Si cette hypothèse est fondée, comme nous le pensons, rien ne serait plus facile que d'introduire dans le système actuel, sans toucher à ses éléments constitutifs, les modifications que commande déjà l'expérience.

La réforme de 1844 n'était pas une œuvre improvisée dans les bureaux de la trésorerie. Un comité spécial avait été chargé, l'année précédente, par sir Robert Peel, d'examiner la question et de réunir tous les éléments propres à l'éclairer pour le moment où expirerait la charte de dix années accordée à la banque en, 1834. L'usage fréquent de renvoyer l'élaboration des questions administratives ou économiques à des comités produit en Angleterre les plus excellents fruits. Les comités facilitent les solutions, de même que chez nous les commissions créées, par les ministres semblent destinées à les ajourner. Les fécondes recherches du comité de la banque (*comittee on banking*) avaient fourni à sir Robert Peel une, foule de faits qu'il sut grouper au profit de ses idées. On était frappé, dans son plan de réforme, par ce caractère audacieux qui marqua presque toutes ses propositions durant son dernier ministère. Il s'agissait, on peut le dire, d'une révolution complète dans le régime de la monnaie de papier. Le bill atteignait, outre le grand établissement existant à Londres avec des privilèges étendus et faisant les fonctions de banque du gouvernement, toutes les maisons qui émettaient des billets payables à vue au porteur : les banques de province (*country banks*), les banques par actions (*joint-stock banks*), et les simples banquiers (*private bankers*). On interdisait dès ce moment la création de nouvelles banques d'émission, et, tout en respectant les droits acquis, sous la réserve de certaines garanties, on se ménageait le bénéfice des chances d'extinction, et on préparait pour l'avenir la centralisation de la faculté de battre monnaie avec du papier dans les mains d'une banque unique. Était-ce là se mettre en contradiction, comme on l'a prétendu, avec le principe de la liberté de commerce si hardiment arboré par le même homme d'état ? Non, car le droit de fabriquer de la monnaie est une de ces prérogatives d'ordre public qui n'appartiennent qu'au pouvoir social, aussi bien quand il s'agit de monnaie de papier que de monnaie d'or ou d'argent.

La constitution de la banque d'Angleterre, en ce qui touche au rôle du papier dans la circulation, a été inspirée par les idées d'Adam Smith et de Ricardo, que M. Loyd, dans des écrits fort remarqués, avait proposé d'adapter au mécanisme de cet établissement colossal. Ces principes, qui ont le tort de plier, en tout temps, toutes les opérations sous un joug inflexible, partent de ce fait que la circulation en espèces et en billets exerce une influence directe sur le taux des prix et sur la situation commerciale, et, comme nous l'avons déjà dit, que par l'émission du papier on influe sur la quantité du numéraire. Le bill de 1844, qui soumettait à ces principes le régime des banques, si longtemps abandonné à un empirisme aveugle, marque, malgré ses imperfections, le début d'une ère remarquable dans l'histoire des institutions de crédit. Ce bill rompait ensuite avec les enseignements des économistes quant aux moyens à prendre pour gouverner les rapports des billets et du numéraire, et dominer les variations dans la quantité de ces deux éléments de la vie industrielle et commerciale. On n'admettait pas que la *convertibilité* permanente des billets en or fût un rempart suffisant contre des émissions exagérées. On ne se crut protégé par une digue assez forte qu'en subordonnant la quantité des billets de la banque d'Angleterre au numéraire déposé dans ses caveaux, de telle sorte que chaque *bank-note* eût toujours sa représentation en espèces, au-delà d'une certaine somme représentée par des effets publics. Si cette disposition mettait à l'abri des entraînements du passé, au milieu desquels on achetait le soulagement d'un seul jour au prix d'embarras formidables pour le lendemain, elle exposait, par sa généralité, à des inconvénients gravés. On s'interdisait d'abord la faculté d'élargir la circulation, même si un événement imprévu l'ordonnait et si les circonstances le permettaient. Avec des billets correspondant toujours à la quantité de numéraire encaissé, on n'aurait plus de circulation de papier ; ce serait bien encore la circulation métallique sous une forme plus commode. Enfin on se condamnait d'avance, et pour tous les cas, quand le numéraire diminuant paraîtrait sortir du royaume, à la restriction des billets, c'est-à-dire à l'isolement financier. Voilà le côté peu libéral du plan de sir Robert Peel. La sécurité du crédit n'exigeait pas des sacrifices aussi étendus, ne répugnait pas à tout tempérament [14].

L'émission sur des titres publics est en quelque sorte limitée à 14 millions sterling (350 millions), dont 11 millions, montant du capital de la banque qui se trouve entre les mains du gouvernement, sont représentés en fonds consolidés, et 3 millions en bills de l'échiquier. Si la banque d'Angleterre possède des titres au-dessus de cette somme, elle ne peut émettre de billets correspondants que dans des cas prévus et après une autorisation royale. La création des 2 millions sterling (50 millions de francs) de *bank-post-bills* que la banque émet en outre, pour faciliter le service de la poste, appartient à un autre ordre d'idées. Ce chiffre de 2 millions sterling n'est pas excessif dans un pays où les fonds transportés par la poste se sont élevés, durant le cours du dernier exercice, à 6 millions sterling (150 millions de francs) [15].

La moyenne des billets de la banque d'Angleterre est ordinairement d'environ 20 millions sterling (500 millions de fr.), sans compter les 2 millions de *bank-post-bills* [16]. Il y a donc à peu près 6 millions représentés par la réserve métallique. Ce n'est que depuis 1844 que la banque est autorisée à comprendre, mais seulement pour un cinquième, les lingots d'argent dans le fonds correspondant à ses billets au porteur. Cette innovation n'enlève à personne le droit d'exiger en or le remboursement des *bank-notes*. La proportion même que le bill établit entre les deux métaux semble reconnaître l'insuffisance du lingot d'argent pour garantir le paiement en monnaie légale. La moyenne des dépôts qui composent, en temps ordinaire, la réserve de la banque, peut être évaluée à 10 millions sterling (250 millions de fr.). Tous ces dépôts ne sont pas également susceptibles d'être transformés en billets. Lorsqu'on remet des fonds à la banque pour qu'ils y soient gardés, ces fonds restent complètement en dehors des calculs de l'émission. On peut venir les retirer sans rapporter des *bank-notes*. Les seuls dépôts influant sur la circulation sont ceux qui sont mis en mandats et échangés pour du papier. Si tous ceux qui ont de l'argent à la banque venaient demander de l'or contre leurs *bank-notes*, l'établissement serait obligé de réduire sa circulation à 14 millions sterling. Lorsque la réserve des dépôts, sans être épuisée, décroît dans la caisse, la banque restreint ses billets dans la même proportion. Ces règles précises ont fait désigner le système sous le nom de *self acting system* (système agissant tout seul). Cette année, la banque, en rendant son escompte très onéreux pour le commerce, a maintenu l'équilibre entre ses billets et les dépôts ; en ce sens, le bill de 1844 a atteint son but, mais la moyenne des billets circulants n'a pas été affectée d'une manière très sensible ; elle a dépassé même, à certains moments, le chiffre habituel, sans que la gêne commerciale fût moins rude, parce que des besoins exceptionnels auraient nécessité un large supplément.

Malgré les rigides prescriptions de la charte actuelle, on ne peut pas dire que le paiement immédiat en numéraire de la créance commerciale figurée par un billet de banque soit certain pour tous les cas imaginables. Si, par exemple, la circulation tombait à 14,000 millions par suite du retrait de tous les dépôts, la banque d'Angleterre ne posséderait plus que des titres publics, sans un seul écu comptant ; mais, outre que le titre serait encore garanti, à moins d'une banqueroute du gouvernement, on regarde avec raison cette éventualité comme à peu près impossible. Cette singulière circonstance du retrait général des dépôts s'est présentée une seule fois dans l'histoire financière du Royaume-Uni, en 1757 ; elle avait été amenée par des envois considérables d'argent à l'étranger, à cause de la disette de cette année-là et des besoins d'une guerre onéreuse. En dehors de ces suppositions invraisemblables, la limitation légale des billets de banque en assure parfaitement la permanente *convertibilité*. Telle est la base du régime fondé en 1844. Ceux qui repoussent la limitation légale, tout en prétendant maintenir au porteur la faculté d'exiger à tout moment le remboursement de son titre en espèces, tombent dans une véritable inconséquence. On comprend des émissions illimitées de *bank-notes* avec la doctrine absurde qui niait la valeur du signe monétaire et regardait la livre sterling comme une pure fiction. Si on admet, au contraire, un étalon métallique, si on pense que la livre est, suivant la définition de sir Robert Peel, une quantité de métal précieux d'un certain poids et d'une certaine qualité, si on veut que le signe puisse être échangé à volonté contre la chose signifiée, il est impossible de s'abandonner aux hasards des émissions indéfinies. Ce n'est pas en supprimant toutes les entraves qu'on pourrait remédier sans péril aux inconvénients qu'offre l'application rigoureuse du principe de la limitation légale. En vain on parle d'une restriction facultative confiée à la prudence des directeurs de la banque. Sans mettre en doute le moins du monde les lumières et la loyauté des administrateurs de ce vaste établissement, négociants très riches pour la plupart et plus intéressés, comme l'a dit lord Ashburton, à la prospérité générale du commerce qu'à un accroissement de dividendes, des expériences irrécusables nous apprennent cependant que la limitation facultative ne forme pas une suffisante garantie. Mieux vaut en principe le frein de la loi, pourvu qu'on ait les moyens de relâcher les rênes trop tendues quand des nécessités l'exigeront impérieusement.

Le défaut du régime existant, c'est sa constante uniformité ; il n'admet aucune distinction, aucun tempérament ; il assujettit à un traitement pareil les cas les plus dissemblables. Cette année, avec l'état parfaitement sain du commerce, avec le crédit de la banque et le montant de sa réserve, si la sévérité du bill de 1844 avait pu être momentanément tempérée, on aurait évité, nous le répétons, la plus grande partie des embarras qu'on a soufferts. N'y avait-il pas, pour le maintien de l'intégrité des engagements de la banque, une certitude morale équivalente à une certitude mathématique résultant du relevé de la caisse ? N'a-t-on pas acheté trop cher un rapport rigoureux et inutile entre les espèces et les billets, en le payant au prix d'une si forte détresse industrielle ? Avec un système moins raide, le retrait de sept millions sur seize n'aurait produit ni inconvénients ni alarme.

Que la constitution de la banque d'Angleterre soit sage au fond,

Section III.

nous en sommes convaincu ; nous n'en croyons pas moins que son principe peut comporter avec avantage une élasticité plus pratique. C'est même à cette condition seule qu'il sera possible de prévenir ou d'adoucir les crises. Il suffirait, pour combler une lacune fâcheuse, que la cour des directeurs pût être autorisée par le gouvernement, sous la forme solennelle d'un ordre en conseil (*order in council*), quand la situation du crédit et du commerce justifierait une telle mesure, à dépasser la limite légale des émissions ordinaires. Condamnerait-on cette intervention de l'autorité à la requête des directeurs dans le mouvement de la banque ? Il faudrait oublier que le principe existe déjà dans le bill de 1844 la banque, on le sait, ne peut émettre de billets sur des titres publics au-delà de 14 millions, sans recevoir une autorisation préalable. Cet établissement étant, d'ailleurs, un établissement privilégié, rien de plus naturel que de subordonner à des conditions l'exercice de son privilège. Dans la charte de 1844, l'état s'interdit, il est vrai, le droit de révision avant dix années ; mais l'assentiment de la banque elle-même ne manquerait point à la modification dont nous parlons. En dernière analyse, consacrer le principe actuel en permettant que l'application puisse en être modérée dans des circonstances graves et avec des formes rassurantes, telle paraît être la ligne que l'expérience ordonne de suivre.

Une hypothèse empruntée à l'écrit de lord Ashburton démontre encore avec plus d'évidence la nécessité de ce changement partiel. Supposons que les récoltes de 1847 aient été mauvaises, que la crise des subsistances, aggravée par une première année de disette, ait continué en 1848 : il aurait bien fallu se résoudre à voir les espèces passer les frontières en plus grande quantité, et les changes avec certains pays devenir de plus en plus défavorables. En présence de cette calamité, aurait-on continué à écraser l'industrie et le commerce *par un nouveau tour de vis* en élevant toujours le taux de l'escompte ? L'industrie seule aurait pu fournir les moyens de résister à la crise, et, sous peine de maux incalculables, on aurait été contraint de soutenir le crédit alarmé.

La modification du bill de 1844 dans les limites indiquées permettrait de s'affranchir, au moins en certains cas, de la théorie de l'isolement financier. D'après les enseignements de l'expérience, on doit demeurer convaincu que les principes exclusifs ne conviennent guère à de grands établissements comme la banque d'Angleterre, agissant immédiatement sur le crédit public, sur les destinées du commerce, et forcés de satisfaire souvent à des obligations urgentes et imprévues. De même que l'industrie, en domptant la vapeur, prend ses précautions contre des soulèvements subits, de même, dans le mécanisme des banques nationales, il faut se ménager pour les secousses inopinées, pour les cas extraordinaires, la facilité d'un traitement exceptionnel.

Section IV.

Plus qu'aucun autre pays de l'Europe, l'Angleterre, avec son vaste établissement manufacturier et les exigences de sa politique commerciale, a besoin de garanties solides contre les déchirements de l'ordre économique. Nulle part les embarras monétaires ne sauraient avoir des conséquences aussi rapides et aussi désastreuses. Avec des finances en désordre, tel peuple pourrait se soutenir tant bien que mal ; mais l'Angleterre verrait aussitôt crouler sa fortune. Supposez le crédit ruiné, et cet empire si étendu n'est plus qu'un colosse aux pieds d'argile. Aussi avec quelle sollicitude les hommes d'état ne s'y préoccupent-ils pas des questions financières ! il n'en est aucun qui songeât à prendre les affaires sans avoir sous ce rapport un système arrêté. On ne pourrait pas, comme chez nous, se traîner paisiblement dans l'ornière des vieux budgets, et ajourner à un lendemain reculé sans cesse la nécessité de rétablir l'équilibre entre les recettes et les dépenses. Ne vit-on pas tomber le ministère Melbourne devant un déficit qu'il s'évertuait en vain à remplir ? Si cette impuissance n'était pas alors la seule cause de la chute des whigs, ce fut une circonstance dont l'opposition tory sut profiter à merveille. Tout l'éclat de la dernière administration de sir Robert Peel, malgré l'erreur partielle commise dans la constitution de la banque, vient au contraire de la hardiesse et de l'ampleur de ses plans financiers. C'est par là que ce ministre a surtout influé sur les destinées de son pays, c'est par là qu'il sera classé dans l'histoire. La tâche de lord John Russell paraît être aujourd'hui d'accomplir dans le régime de la circulation une réforme dictée par l'expérience et destinée à mitiger le principe de l'isolement. Telle est pour l'Angleterre la conclusion pratique à tirer de la crise de 1847.

Les nations étrangères, et la France en particulier, peuvent aussi, au point de vue politique, interroger avec profit le grave dérangement que le Royaume-Uni a éprouvé cette année. Quand on cherche à embrasser d'un coup d'œil l'ensemble de la puissance anglaise, on est frappé des vastes proportions de cet empire et des ressources dont il semble disposer. Une situation que la nature à rendue à peu près inattaquable, une marine militaire qui dépasse par ses développements toutes les marines étrangères, des ports où afflue le commerce du monde entier, les mers les plus lointaines sillonnées par les navires des armateurs anglais, le pavillon des trois royaumes flottant sur tous les points du globe qui dominent les grandes routes suivies par le commerce, des possessions coloniales dont il serait impossible de mesurer la grandeur et où la population se compte par centaines de millions, l'Océanie presque tout entière livrée aux âpres et courageuses exploitations de la race anglaise, tels sont les traits principaux sous lesquels se dessine le colosse britannique. Si on veut pénétrer ensuite dans l'intérieur de ce grand corps, si on observe de près les rouages compliqués qui le font mouvoir, on reconnaît un mécanisme purement artificiel, d'une grande puissance sans doute, mais aussi d'une extrême délicatesse, et qui ne peut supporter sans désordre le moindre ébranlement. C'est comme un navire immense auquel il faut pour voguer, après de nombreuses tourmentes, une mer calme et des vents propices. Pour ceux qui croient, comme nous, que, si la guerre a été, à certaines époques, un moyen de servir la civilisation, le premier besoin de cette cause sacrée est aujourd'hui le maintien de la bonne harmonie entre les peuples de l'Europe, ce n'est pas un faible sujet de confiance que de voir un état aussi puissant que l'Angleterre rattaché à la paix non-seulement par des intérêts analogues à ceux des autres pays, mais encore par les exigences les plus impérieuses de sa constitution économique.

La crise de 1847 nous montre, une fois de plus, combien, avec son double besoin de production et d'écoulement, l'industrie anglaise serait désormais impuissante à soutenir un long trouble du crédit. Si nos voisins conservent intact le vieil esprit public qui les a sauvés à d'autres époques, la situation économique, profondément modifiée, n'admettrait plus les mêmes expédients. On n'aurait plus les mêmes ressources qu'autrefois. L'industrie britannique trouverait-elle, par exemple, comme à la fin du siècle dernier, dans les récentes découvertes de la mécanique, l'occasion de l'essor inouï et de la transformation complète qui lui donnèrent tant d'avance sur les industries rivales ? Le montant actuel des impôts permettrait-il de les quadrupler en quelques années [17] ? Avec une dette consolidée aussi énorme, pourrait-on, dans des temps difficiles, contracter de nouveaux emprunts sur une vaste échelle, à des conditions acceptables, et poursuivre les traditions d'une politique agissant plus par son or que par son glaive ?

Au surplus, cet objet qui nous frappe, ces réflexions que nous suggère la détresse industrielle et commerciale de cette année, ont déjà préoccupé de l'autre côté de la Manche les hommes les plus aptes à discuter et à résoudre de pareilles questions. « Si à chaque accident nous devons emprunter, dit lord Ashburton, tôt ou tard nous aurons à régler fatalement nos comptes ; l'époque seule de cette catastrophe ne peut être précisément indiquée. » D'autres ont clairement exprimé l'opinion qu'une guerre serait le signal de cette catastrophe et entraînerait comme premier résultat la suspension du paiement des billets de la banque d'Angleterre en espèces. Durant l'enquête de 1843, M. Gilbart, auteur d'une *Histoire des banques*, et administrateur de la banque de Londres et de Westminster, interrogé à diverses reprises par sir Robert Peel et par sir Thomas Freemantle sur l'effet d'une guerre relativement au crédit et à la circulation, répondait de la façon la plus affirmative que la convertibilité des bank-notes en numéraire devrait être immédiatement arrêtée. Il y a même des gens qui, sans proclamer aussi haut leur avis, se fondent sur les oscillations financières de la Grande-Bretagne en pleine paix pour en conclure qu'une guerre un peu prolongée l'obligerait à rejeter de ses épaules, au moins pour un temps, le fardeau de ses obligations anciennes. Heureusement nous n'en sommes pas réduit à discuter d'aussi monstrueux expédients, qui portent au crédit d'une nation des coups presque irréparables. S'obstiner à voir le mot de banqueroute écrit au fond de l'état financier de l'Angleterre, c'est prévoir, ce nous semble, les malheurs d'un peu trop loin. Tout ce que démontre l'étude des aises passées et de la situation présente, c'est qu'une commotion violente serait le signal de désastres dont il est impossible de fixer d'avance le caractère et la limite.

Section IV.

De telles éventualités paraissent heureusement improbables, grâce aux relations de plus en plus intimes que la force des choses établit chaque jour entre le crédit de tous les peuples européens. Oserait-on dire aujourd'hui que la prospérité d'une nation n'importe pas à toutes les autres ? Si, par exemple, deux états placés jadis à la tête des découvertes maritimes et du mouvement colonial, et affaissés maintenant sous le poids des longues fautes de leurs gouvernements, le Portugal et l'Espagne, se relevaient enfin de leur chute, n'est-il pas évident que l'Europe industrieuse et commerçante en retirerait d'incalculables bénéfices ? Élargir le cercle au lieu de le rétrécir, c'est la bonne politique, c'est la vraie source du bien ; c'est aussi, on peut le dire à son honneur, la tendance de notre époque. Plus on avance dans la carrière de l'industrie, plus les intérêts des peuples civilisés se mêlent par des transactions quotidiennes, et moins il est possible à un pays de se murer entre ses frontières et de contempler de loin, d'un œil indifférent, la gêne de ses voisins. Ce qu'on a dit des idées, que les baïonnettes ne sauraient empêcher de franchir les distances et de se répandre dans le monde, doit se dire aussi des influences qui affectent le commerce d'un état. Il n'y a plus de cordon sanitaire efficace contre ces malaises économiques ; l'air même porte avec lui la contagion comme un miasme perfide.

Un jour arrivera sans doute où la solidarité qui existe déjà entre les nations civilisées dans l'ordre industriel réagira sur l'organisation des établissements financiers. Au désir de s'isoler on verra succéder la pensée plus féconde de s'aider mutuellement. Les traités de commerce sont venus dans l'histoire longtemps après les traités politiques, les traités en matière de crédit marqueront une phase plus avancée des relations internationales. Tandis que notre politique douanière, sans rester immobile, se montre non sans raison moins empressée que celle de la Grande-Bretagne à supprimer les barrières existantes, la Banque de France, dont la base est pourtant assez étroite, a témoigné par plusieurs actes qu'elle était moins asservie que la banque d'Angleterre à des idées d'isolement. On ne s'attendait guère, de part et d'autre, au milieu de la crise de 1847, à recevoir un bon exemple d'un état qu'on tenait pour fort arriéré dans la science économique. Quels que fussent les motifs qui l'aient inspirée, la double opération du gouvernement russe s'accordait à merveille avec les principes qui pourraient servir de base à l'organisation d'un crédit européen. S'il était permis d'écarter un peu les nuages de l'avenir, peut-être verrait-on que la solidarité, établie dans une certaine mesure entre les institutions financières des différents pays, doit contribuer puissamment au triomphe de ces idées d'équité et d'union si souvent mises en oubli et pourtant si conformes aux vrais intérêts des nations chrétiennes.

Notes.

1. En 1783, le trésor de la banque était tombé à 473,000 livres (11 millions de francs).

2. Voici les titres, choisis entre cent autres, de quelques-uns de ces écrits : Moyen infaillible, d'après Machiavel, de nous débarrasser de nos dettes ; Moyen de payer la dette nationale en rapportant l'acte de mariage ; Pensées sur le paiement de la dette au moyen d'une loterie ; Plan pour payer la dette de la nation en trente années sans nouvelles taxes, etc.

3. The commercial Policy of Pitt and Peel.

4. Soixante et onze banques suspendirent leurs paiements ; sur ce nombre vingt-six tombèrent en faillite. Il y eut mille huit cent deux faillites en 1793, tandis que dans les quatre années précédentes ce nombres avait flotté entre cinq et six cents ; et (?) pour 100 tomba en huit ou dix mois de 92 à 62.

5. A la fin de la guerre, en 1815, le papier de la banque d'Angleterre montait à 38,000,963 livres sterling (près d'un milliard de francs) ; le papier des banques de province, dont le nombre s'était élevé pendant la guerre de 200 à 1,000, a été évalué par M. Loyd, si compétent dans ces matières et dont l'autorité a tant de poids en Angleterre, à 40 ou 50 millions sterling (1,250 millions). Ainsi la circulation dépassait 2 milliards de francs.

6. Les causes très diverses de cette hausse ont été analysées avec une rare sagacité par M. Tooke dans ses intéressantes recherches sur les prix et la circulation : a History of prices and the state of the circulation from 1793 to 1837.

7. Dix-sept emprunts étrangers furent contractés dans les seules années 1823-24 et 25, montant à 37 millions sterling (1

milliard de francs environ).

8. Les émissions nouvelles du papier de la banque portèrent temporairement la circulation de 19,768,000 livres sterling à 24,479,000 livres.

9. La banque possédait alors 16,250,000 livres en numéraire (406 millions de francs environ).

10. La moyenne de l'encaisse de 1845 est de 236 millions ; celle de 1846 de 171 millions. Pendant le premier trimestre de 1847, la moyenne tomba à 66 millions, pour remonter à 77 durant le second trimestre.

11. Voyez, dans les livraisons du 1er et du 15 février 1847, un remarquable travail de M. Michel Chevalier sur les Subsistances et la Banque de France.

12. L'Angleterre et le Portugal, le plus riche et le plus pauvre peut-être des pays de l'Europe, sont les deux seuls états de notre continent qui n'admettent pas l'argent dans leur système de monnaie légale.

13. Le quarter contient 64 gallons, et le gallon 4 litres et demi à peu près.

14. Il est nécessaire de se rappeler que, pour approprier le régime de la banque d'Angleterre aux nouveaux principes, on l'a divisée en deux départemens. L'un, chargé de l'escompte (banking department), et formant à l'égard du commerce une simple maison de banque, reste investi des fonctions de banque de l'état, et reçoit pour le service de la dette publique un salaire annuel de 248,000 livres sterling (6,200,000 francs), réduit de 180,000 livres par l'impô~payé au trésor. L'autre département (issue department) a pour toutes fonctions l'émission des billets. L'issue department ne consulte jamais ni les ressources du banking department ni les besoins de l'industrie ou du commerce ; il suppute seulement le numéraire de la banque et calcule là-dessus ses émissions avec une régularité toute mécanique.

15. En France, les envois d'argent par la poste sont loin d'atteindre un pareil chiffre. Les évaluations du budget des recettes pour 1848 n'estiment les produits de ces envois qu'à 673,000 fr., supposant, à raison de 2 pour 100, un transport de 33,650,000 francs.

16. Le maximum légal de la circulation des autres établissements émettant du papier est de 8,648,000 livres sterling, ce qui donne pour l'Angleterre une circulation totale de 28 à 30 millions (700 à 750 millions de fr.). Durant les quatre semaines finissant au 15 août dernier, la circulation de l'Angleterre n'arrivait qu'à 26 millions sterling, et celle des trois royaumes à 34 millions sterling. Le papier de commerce circulant dans le Royaume-Uni a été évalué à 100 millions sterling au moins (2 milliards 500 millions de fr.). La circulation de la Banque de France ne monte guère qu'à la moitié du chiffre de la circulation de la banque d'Angleterre. Ainsi la moyenne de ses billets au porteur a été en 1845 de 259 millions, en 1846 de 261, durant le premier trimestre de cette année de 247, et durant le deuxième trimestre de 231 millions.

17. Les contributions montaient en Angleterre à 16 millions sterling en 1790, et en 1812 elles s'élevaient à 64 millions.

Notes.

ISBN : 978-1985201347

www.ingramcontent.com/pod-product-compliance
Lightning Source LLC
Chambersburg PA
CBHW070955220526
45471CB00007B/3046